세상에서 가장 슬픈일 태어난 일

세상에서 가장 슬픈 일 태어난 일

2009년 9월 1일 초판 1쇄 인쇄
2009년 9월 8일 초판 1쇄 펴냄

지은이 | 도인
펴낸이 | 이철순

펴낸곳 | 해조음
등 록 | 2003년 5월 20일 제 4-155호
주 소 | 대구광역시 남구 대명2동 1800-6 불교대구회관 2층
전 화 | 053-624-5586
팩 스 | 053-624-5587
E-mail | bubryun@hanmail.net

ISBN 978-89-92745-16-8 03810

잘못된 책은 바꾸어 드립니다.

도인 : 011-846-1682

세상에서 가장 슬픈 일 태어난 일

해조음

自 序

詩는 쓰는 것이 아니라
쓰여지는 것이다.
지어낸다는 妄想을 버리면
그려지는 것이다.

이룰 수 있다고
솟구치는 생각들이
까만 구름 속을 헤집고 나와
붉은 태양이 말하는 것이다.

2009년 9월
도 인

| 차례 |

1 사람은 간다

2 下 心

3 그침 없이

4 먼 길

5 어느 하루

사람은 간다

사람은 간다(Ⅰ)

별이 바람에 누우면
거친 마음 숨기고
늙은 가을
해바라기 고개 숙인다

널뛰는 가슴
찢어진 입 속에 보이고
해거름 언덕길
힘차게 뛴다

한 사람이 가고
때늦은 후회만
뜬구름 속에 앉았다

안개 푹 꺼지면
멍든 엉덩이 보인 삶에
또 한 사람이 간다

사람은 간다(Ⅱ)

입보다 작은 입술로
소리내어 울고
가슴 깊은 옹달샘의
거울을 봅니다

굉음 같은 나의 목소리는
휘이 감은 칡넝쿨 속에 숨고
지금 나는
길을 갑니다

오늘 같은 내일

까맣게 물든 향기
아침 이슬에 씻고
허리춤 밑
차가운 땅바닥에 머리 숙인다

낮달이 뜨고
속절없는 바람 불어
스친 불빛들이 얼굴 붉혀도 부끄럽지 않다

창가에 햇빛 물들어
씻을 수 없는 아픔이
어제처럼 하얀 얼굴 내밀면
내일 또 눈물로 탄다

세상 모든 것

한 잎 두 잎 낙엽 지면
가시 돋힌 조각 난 작은 구름
사뿐이 앉은 나비처럼
햇빛 구름 가르고

고기 비늘처럼 엮인
세상 모든 것
푸릇푸릇 장맛비에 섞여
강 물살을 가른다

아득히 헝클어진 숨결
숲 속 마당에 이름을 멈춘다

봄이 오면

아름다운 사람
먼 바람에 날려
파란 하늘에 허리 굽어진다
첫 눈 내리고
미끄러질 사람 없다
사람아
바람이 왜 보이지 않는 지 알겠니
이제 봄바람 불면 옷 입지 말고
살랑살랑 춤추며 걷자
높은 구름에 앉아서
하얀 바람 마시고
춤추고 웃자
깔 깔 깔
미쳐 웃자

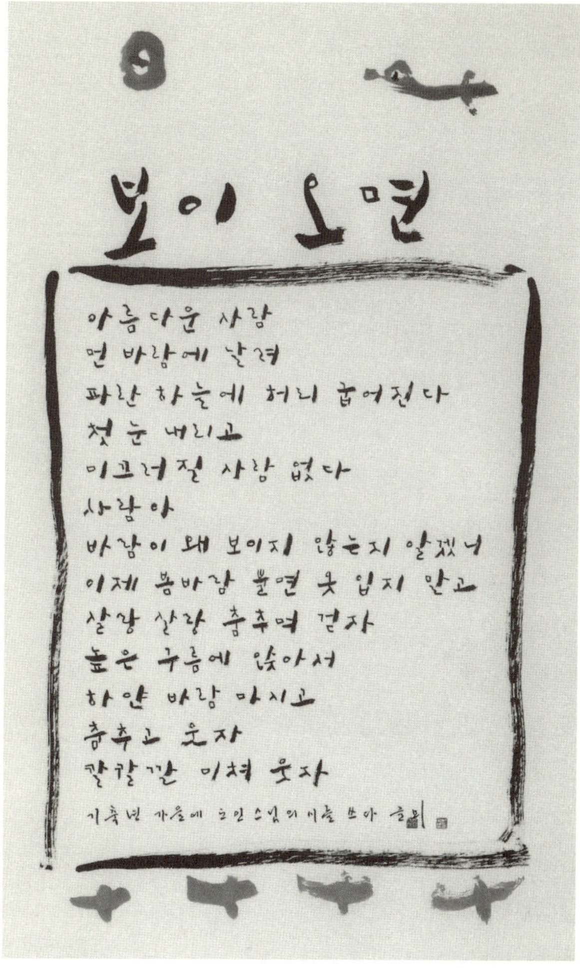
보이오면
아름다운 사람
먼 바람에 날려
파란 하늘에 허리 굽어진다
첫 눈 내리고
미끄러질 사람 없다
사람아
바람이 왜 보이지 않는지 알겠니
이제 봄바람 불면 옷 입지 말고
살랑 살랑 춤추며 걷자
높은 구름에 앉아서
하얀 바람 마시고
춤추고 웃자
깔깔깔 미쳐 웃자
기축년 가을에 스님의 시를 쓰다

存在

새싹처럼 뛴다
몸부림치다 핀다
허공에 들뜬 가슴
추억 속에 사라진다

금세 가자
아파도 금세 가자
그림 속 사과라도 볼 수 있어 좋다

깨어버리면
떠나버리면
이길 수 없는 외로움 밀려 오겠지

빨간 꽃잎은
가슴 아파도
바라볼 수 있다
그냥 볼 수 있다

잃어버린 얼굴

사랑한다 말없이 어물거린
소리 없는 기다린 세월

울렁이는 가슴 보듬고
춤추는 손가락 굳어진다

메마른 연못에
두 눈 껌뻑이는
두꺼비처럼
작은 연잎 둥지 삼고

한번 뛰면 키 작은 소나무 사이로
가슴 터질 듯
얼굴 찾는다

다 없던 것

어쩔 건가 메아리 울렸는데
종소리 쏜살같이 산등성이 움켜쥐고
몸 세워 막아볼까
지금 활짝 피었다고 웃어볼까

유리잔 부딪쳐
얼굴 맞대어 볼까

다 없던 것이다
세상 다 준다 해도
약은 고양이 밤눈 어둡다고
금복이가 술 취해
혀 구부린 소리로 거듭 속삭였지

술 잔

외줄 타는 어둠에
뭉쳐진 숯덩이
떨어질 줄 모르고
성냥개비 빨간 불빛
그 무엇이 서러운 지

하늘 솟구친 그 날
땅 속 깊이 묻어질
그 무엇이 외로운 지

찢어진 마음이
속 깊은 술잔에 빠진다

돋보기

세어보면 이만큼인데
녹슬은 통 속 까만 연기
광풍처럼 휘몰아쳐
울타리 있어도 막을 순 없지만
딸꾹질 못하고
깊은 밤 눈뜨고 있네

'우리는 민족 중흥의 역사적 사명을 띠고 이 땅에 태어났다'

수면

엿가락처럼 구부리고
어둠에 모습 감춘다

살아온 날들은
깜빡이는 보석처럼
눈 안에 있다

때늦은 벌판
쌀알 줍고
해 잃은 긴 밤
낮술에 취해 몸 뒤척이며 잔다

안 보아도 보는 것(Ⅰ)

하늘 천둥 소리에 두 눈 가리고
높은 파도 뒤
노을을 본다

한가히 구름에 기울고
솟은 나뭇가지 흩어진 낙엽을 찌른다

아쉬움에 두 눈 반짝이면
바람 속에 진눈깨비 날리 듯
언덕 위에 핀 꽃 사라져
땅 속 깊은 고향을 본다

안 보아도 보는 것(Ⅱ)

꿈에 본 하얀 살결
바람 때문에 걷지 못한다
지금 가슴 메어 스쳐가지만
움직일 줄 모르고
빨간 사과 썩는 줄 모른다
가까이 있던 그 날
갯바위에 부딪쳐 지친 바다처럼
삶의 멍든 가슴을 본다

활짝 웃던 얼굴
힘겨워 불러 보지만
우연히 본 거울 속 얼굴은
떠나버린 배
하얀 주검을 본다

가시 돋힌 마음

개구리 알처럼 뭉쳐 있다
겨울 그림자 지고
작은 시냇물 비바람에 부푼다
가시 돋힌 마음은
가을 바람
풀잎 몸부림
창살 가득한 햇살
빨갛게 부어오른 가슴 속에
하얀 연기를 씌운다

휴 식

세상의 벌판
까만 밤 익어가는 소리에
종이배 타고 노젓는다

어떠냐 물으면
돋보기로 보는 손금 같은 세상이다

강나루 불빛은 반짝이는 두 눈
타는 그리움에 강기슭은 입술 말라
고요한 안개 속에서 희미하게 웃는다

차라리 물결치면 잠시 꾸벅이며 잠이 든다

낙 엽

푸른 낙엽
세월을 삭이고
바람이 분다
빨간 낙엽
떠돌다
구르다
멈춘다
밟아도 소리 없어
태우면 붉게
소리 내며
풀썩 주저 앉는다

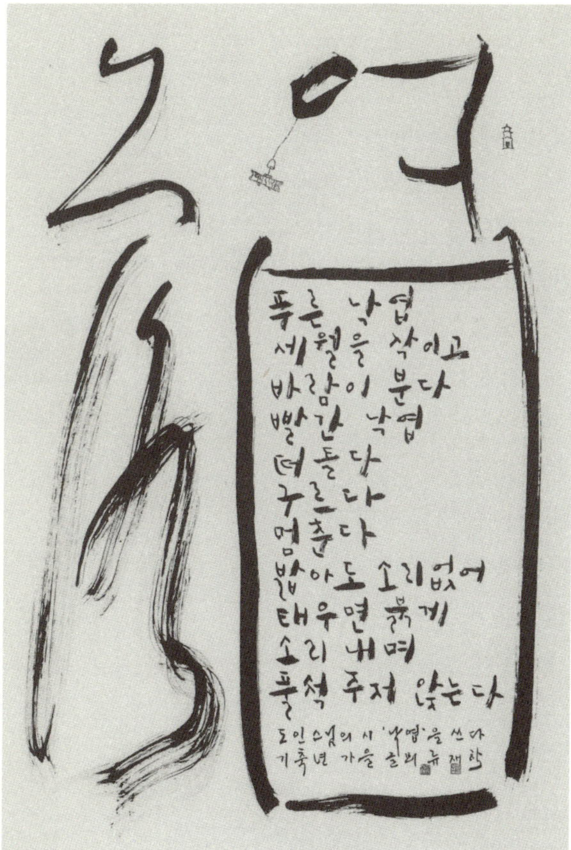
푸른 낙엽
세월을 삭이고
바람이 분다
빨간 낙엽
떠돌다
구르다
멈춘다
밟아도 소리없어
태우면 붉게
소리 내며
풀석 주저 앉는다
도인스님의 시 '낙엽'을 쓰다
기축년 가을 솔뫼 유재학

호흡 곤란

외로움에 웃는다

뜨겁게 쿵쿵거린 가슴
한낮 뜨거운 태양이
온 얼굴을 감싸쥐고
미어지듯 타오른다

가버린 옛날
온 가슴 그네를 타면
긴 한숨 갈 곳 몰라
길 잃은 작은 사슴처럼
가시돋힌 그늘 속에서
온 몸으로 가녀린 숨을 쉰다

갈 곳 없는 건데기

내장탕 국물이 시원하다

구부러진 창자들
머리 버린 콩나물에 얽혀
하얀 속내를 드러낸다

벌써 죽어 고통이야 없겠지만
안개 속에 섞인 비처럼
입 속에 머문다

멍석 속의 오늘

다리 꼬여 멍든 무릎팍
디딤돌 못 밟은 허전한 발바닥
비바람에 젖은 푸른 잎가지는
춤추는 새벽 이슬을 멈춘다
저마다 떨어진 꽃잎 머금고
세월의 시냇물 연기처럼 무너진다
의미 없는 과거와
춤추는 내일 사이에 빠진 다리
널판 밑에 깔린 어스름 달빛 사이로
오늘은
말아진 멍석 속에서 숨을 쉬지 못한다

下

下心(I)

가을 언덕 하얀 꽃
비바람에 부서지며
낙엽 소리 듣는다

무엇이 된다는 생각
소리 없이 놓아버리면
그 하얀 꽃
봄바람에 웃는다

풀석 주저 앉아
꼼지락 꼼지락 손 비비면
부풀은 풍선
늦었다
붉은 노을에 숨었다

下 心(Ⅱ)

숨막히는 가슴이
시리도록 차가운 날
먹구름은 움직일 줄 모른다

허무의 바람 속에
가로등은 한 줄로 하얀 그림자를 뿜는다

천둥 벼락에 소낙비 내려도
가슴 깊이 숨겨둔
해바라기 얼굴
고개 숙여서 넘어짐 없다

下 心(Ⅲ)

전깃줄에 앉은 참새가 날 때면
잠시 꿈인 줄 알겠지

오다 가다 누가 보면 어쩌나
돛대 꺾인 작은 배 떠나면
그땐 꿈인 줄 알겠지

비틀거리는 몸부림
꿈에서 깨면
이미 늦은 종소리에
창밖이 눈부시다

슬픈 태양 두 손으로 보듬고
창백한 얼굴 감싸면
마음 속 눈물 떨어진다

下 心(Ⅳ)

머리 큰 해바라기
바람 속에 고개 숙인다

돌아갈 길 아는 듯
얼굴 떨군다

성난 뜬구름 몸서리쳐 봐도
빛줄기 쏟아 얼굴에 퍼부어도
태양을 향해 얼굴 들어 올렸다

바람 속에서도
태양 향해 솟았다

無 我(Ⅰ)

온기 식은 찻잔
있어야 할 사람
촛불처럼 꺼지고
치솟은 모든 것들
번쩍이는 칼날에
젖은 풀처럼 눕다
어쩌다 바라본
구름 덮힌 저녁 산은
움직일 줄 모른다

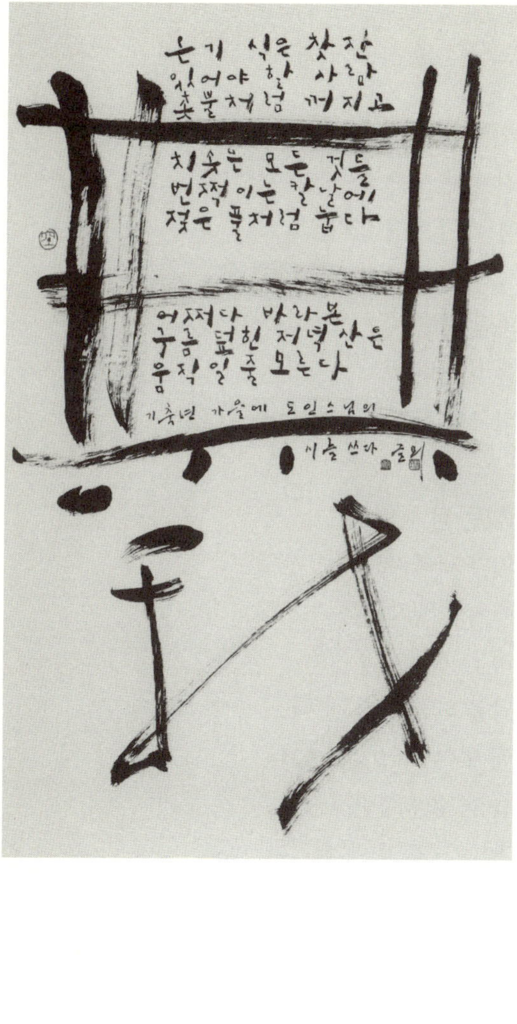
온기 식은 찻잔
있어야 할 사람
촛불처럼 꺼지고
치솟는 모든 것들
번쩍이는 칼날에
젖은 풀처럼 눕다
어쩌다 바라본
구름 덮힌 저녁 산은
움직일 줄 모른다
기축년 가을에 도인스님의
시를 쓰다

無 我(Ⅱ)

게으른 산 꼭대기
지친 안개 모으고
구름 속에 빠져 있다

휘파람 불면
늙은 어머니
장바구니 힘겹게 움직인다

속 없는 담배 연기
피었다 사라지고
구름처럼 생각없다

모닥불 하얀 연기 필 때
그래 없다 저 멀리도 없다
가슴 속 울렁이면서
떠 있는 구름 속에 빠진다

無 我(Ⅲ)

오늘 나는 없다

그대 그림자에 묻혀
돌아서는 등 뒤로 그리움 삭이고
고개 돌려 한숨 일구지만
먼 과거 여러 날에
움푹 팬 회상의 골짜기를
바라 본 눈동자는
핏빛 젖는다

한 발 두 발 옮겨가지만
두 발 허공에 떠 있어
언젠가 뒷걸음쳐 돌아갈 길을
감겨질 두 눈으로
희미하게 본다

業(Ⅰ)

사람들은 숨바꼭질을 한다
가슴 두껍게 덮어서 가리고
표정없이 고개 숙이고
뜨거운 입술 속으로 숨는다

처음부터 없던 마음은
식어버린 찻잔에 갇혀
땅거미 촘촘히 앉은 늙은 세월의
희미한 그림자 속으로 숨는다

바람 소리에 꺼져가는 장작더미
불은 식었지만
하얀 연기 꺼질 줄 모른다

業(Ⅱ)

두 손 모은 산다람쥐
곧 떨어질 빨간 단풍 잊은 채
하얀 봄으로 다가간다
산꼭대기 찬바람은 지고
둥근 달빛
손가락 틈 사이로 흔적없이 빠진다
회오리 바람 속에
아침 연기는
꺼질 줄 모른다

業(Ⅲ)

이른 새벽이
표정 없는 포장마차 여인의
하품으로 열린다

너는 안녕
차갑게 돌아서지만
남은 미련
먼 하늘에서 반짝인다

봄바람 살랑이는
외로움 모르는 그 날
참새처럼 소리 질러도
언덕 너머
검은 연기 피겠지

자유(Ⅰ)

연꽃에 빗방울 떨어지면
갇혀 있는 그림자
미소 보인다
바람 불어 작은 연못 요동치면
꽃송이 울음 터진다
알 수 없는 자유
꽃잎 흔들면 기다려야지
벼슬 잃은 늙은 장닭처럼
촘촘한 그물을 헤집고
우우 신화처럼 자유는 다가온다

자유(Ⅱ)

때 아닌 겨울
태평양
비너스 섬의
핵 실험 당한 거북이처럼
허둥지둥
갈 곳이 없다

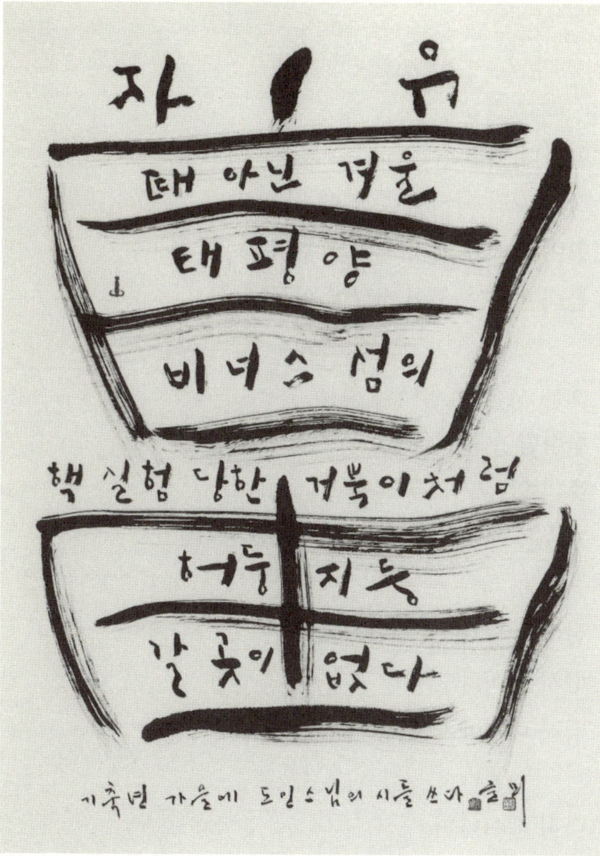
자유
때아닌 겨울
태평양
비너스 섬의
핵실험 당한 거북이처럼
허둥지둥
갈 곳이 없다
기축년 가을에 도인스님의 시를 쓰다

윤회(Ⅰ)

할머니 까만 손
작은 꼬막 까서 손주 입에 넣고
할머니 집에 가자 서러운 소리
금세 따신 눈물이 바람에 마른다

흐른 시간 끝 할머니 얼굴
찬바람이 불면
준비 없는 서러운 눈물
가슴을 태운다

살아야 될까
다시 태어나도
낚시 바늘에 이유 없이 꿰어진 먹이사슬

다시 태어나면
비바람에 튕기는 생각 없는 큰 바위 될까

윤회(Ⅱ)

낡은 소쿠리 계란 포개듯
구름 위에 앉아도
깨지는 고통
푸른 불빛에
하얀 속살 떨어져
애처로이 묻은 하얀 깃털
핏빛에 사라진다
세상에서 가장 슬픈 일, 태어난 일
그래도 힘주어 걸어가면
푸른 불빛 비추리

오직 모를 뿐(Ⅰ)

잠을 깬다는 것은
짙은 눈썹 같은 어둠을 깬다는 것
수레바퀴 구르는 길에서
큰 짐은 숨쉰다
거친 바람에 욕을 삼키면
숨막히는 가슴
살아 죽음을 모른다
동산 꽃들이 바람에 춤추면
널 뛰는 저녁
드디어 멈출 수 있어도
죽어 삶을 모른다

오직 모를 뿐(Ⅱ)

나도 너 위해 있지 않지만
너 또한 풍선이지
안개 속 그림자에 두 눈 저미어 오면
달빛 속 희망에 젖어
두 눈을 감고
누가 안다고 소리치면
밤 늦은 가로등에게 두 눈을 주었지
하얀 달빛 누가 만들었을까?
춤추는 낙엽이 바스락 소리 낼 때
텅 빈 설움 속에서
고이 잠든 어머니 모습은
바람에 옷 입힌다

집착(Ⅰ)

안개가 푸른 가슴을 갈랐다
어제는 달밤에
젖은 걸레를 쥐어짜니

비가 많이 옵니다

우산 챙기며
잊어 버리지 말라고
모든 바람 꺾어버린 전부를 보았지만
가을 밤 찢어지는 귀뚜라미 소리에 잠을 잃어도
주먹 쥔 손
그래 쥔 손
펴질 날이 없다

집착(Ⅱ)

바람에 술 얻어
빈 잔을 채운다
텅 빈 자리에
별이 노래하는 벚꽃 물들었다

밤이 무서우면 하얀 숲을 걸어야지
낡은 벤치 뒤 안내판이 얼굴 내민다

부서진 앞니 사이로
담배 구름이 터진다

잊은 지 오랜 세월,
그 세월 쥔 손이 없다

覺醒

주는 대로 다 마시고
캄캄한 길을 걸어 왔다
까만 구름 속에 비친
달빛에 삿대질 하고
돌아오라 하얀 숨결에 입 맞추고
주는 대로 다 버린다
한 생각 그침 없이 죽이고
오라 오라 내일을 부른다
노란 나비처럼
꽃피는 언덕에 기운 달
소리 없이 날이 새고
여럿이 큰 이불 안에서
아침을 연다
몰랐을까
이름뿐인 강강술래
부대껴 달빛 그늘
안개 내리는 까만 밤을

順理

지금에 빠져 다음 일 몰라야 겠다
흘러가도록 버려둬야 겠다
화분에 답답한 꽃들 활짝 웃게
몇 발짝 걸어서 마당에 묻어야 겠다
희미하게 보이지 않도록
저 멀리 삽질해야 겠다
알 수 없는 설렘 몰라야 겠다
느낌 대로
반짝이는 별들을
고개 들어 쳐다보고
뜨거운 태양빛에 고개 숙여야 겠다
연꽃 위에 앉은 청개구리
그냥 바라봐야 겠다

긴장이 멈춰지면

어리어리 나는
나무 뛰는 원숭이
뒤로 앉은 나의 무게는 힘들어 비틀댄다

사방에 반짝이는 물든 가로등
잠들지 못하고
모르겠다 아지랑이 타고 간다

부는 바람은
갈기 갈기 엉킨 갈대밭에 누웠다

그냥 드러 누웠다

그침 없이(Ⅰ)

두근거리는 심장 움켜 쥐고
어머니 가슴 들어가고파
책상 위에 책 펼친다
날이 밝으면
희미한 등불
춤추는 각시는
저 먼 바람 속에 꺾인
깃발 찾아 들고,
작은 촛불 찾아 들고
그침 없이 간다

그침 없이(Ⅱ)

굵은 파도 새까만 세월
바윗돌에 하얀 속살 드러낸 파도야
타오른 빨간 불 두 눈 밝히고
왜 그랬지 가슴 치며 몸져 누운
통곡이 아름다운 사람처럼
그리운 날들이 아련한 이름으로
눈물에 취해
캄캄한 길을 간다

봄꽃에 날 밝으면
희미한 등불 하나,
나의 작은 촛불 하나
꽃피는 언덕으로
그침 없이 간다

그침 없이(Ⅲ)

갈매기는
창공을 솟구친다

출렁이는 작은 배 흔들림
파도 속에 흠칫 멈춘다

솟구친 갈매기 쉼 없는 날개짓
돌아보지 않는다
뒤엉킨 장애물 뛰어넘어
새색시 하얀 미소
끝없는 바다
잠시 부푼 가슴
하얀 파도
그침 없는 물결

그침 없이(Ⅳ)

그침 없이 뛰던 청춘
거치른 언덕 봄바람 안고
빨간 불빛에 녹는다

젖은 눈물로 물어볼까
왜 누웠느냐고

뻥 뚫린 두 눈으로
물어보지 않아도
그침 없이 간다

그침 없이(V)

세상에 큰 슬픔
태어난 일
울지 않았으면 때렸을까

햇살없는 창가
작은 잎사귀 바람에 튕겨졌다

작은 바람 소리에
세상을 알아가지만
피는 꽃잎처럼 마음 둘 곳 없다

꽃가루 묻어 얼굴 곱게 타고
강물에 출렁이는 삶
그래도
그침 없이 간다

그침 없이(Ⅵ)

하늘, 천둥이 치고
바다, 몸부림 치면
가로등 빨갛게 소리 친다

어둠이 유혹하면
손뼉 치며
태어난 모습 속으로 간다

파도 향기에
더디가는 구름아

얼마만치 세월가면
눈물이 마를까

노 젓지 않고 두 손 움켜쥔 채
바람 같이 간다
그침 없이 간다

그침 없이(Ⅶ)

구멍난 청바지 속으로
먼 바다를 본다
구부러진 다리 접어
하얀 파도 푸른 물결에
닻을 놓은 갈매기
날개짓 한다
출렁이는 작은 배
힘없는 흔들림
노을 속 저 멀리
바다 위에
갈매기처럼
작은 배 떠 있다

구멍난 청바지 속으로
먼 바다를 본다
구부러진 다리 접어
하얀 파도 푸른 물결에
닻을 놓은 갈매기
날개짓 한다
출렁이는 작은 배
힘없는 흔들림
노을 속 저 멀리
바다 위에
갈매기처럼
작은 배 떠있다
도인스님의 시 '거침없이'를 쓰고 그리다
기축년 초가을에 솔뫼 류재학

그침 없이(Ⅷ)

파도를 원망하는 모래알아
파도가 사라지면
너는 반짝이지 않느냐
촛불아
너는 뜨거움에 몸 녹이지만
어둠을 환하게 밝히지 않느냐
통제할 수 없는 깃발
바람에 펄럭이지 않으면
벼랑 끝 소나무 푸른 마음이더냐
서러운 나의 마음 몸 헤집지 않으면
무슨 버팀목 있어

그침 없이
붉은 태양 볼 수 있느냐

그침 없이(Ⅸ)

나뭇가지 애벌레 몸 비튼 흐느낌
굼벵이 소리없이 까만 밤을 본다

걸레 짜는 눈물 소리
사랑도 운명도
말없이 왔다가
발길처럼 멈출 것을……

큰 컵에 소주를 가득 붓고
숨 멈추고 들이키며
뚜벅이 뚜벅이 걸어간다

어두운 골목길
그침 없이 간다

세상에 물들어라

노을처럼 퍼지고
세상에 물들어라

해바라기 태양에 끌리 듯
세상에 물들어라

세월 알 수 없는 노래가
반짝이는 별들에 숨어 있다가
하얀 속살 드러낸다

붉은 태양이 웃는다
뛴다, 가슴 뛴다
새벽 둥근 달 어둠에 지치고
들판에 익은 곡식
몸 무거워 떨어지고
눈 감은 초승달 구름 속에 숨는다

서 있는 외로움은 할 말이 없다

밝은 낮술에 가슴 조인다
떠날 줄 알았다
외로움이
괴로움이
어설픈 슬픔이
가시를 그대가 떠밀어내듯
하얀 낮술에 떠날 줄 알았다
그립다 부딪쳐 부대끼며 키운 정
비맞은 참새처럼
어두운 빈방에 갇혔다
시간이 갈수록 할 말이없다

킥킥킥 웃는다

빨개진 두 눈 힘겹게 반짝이며
새벽 이슬을 잠재운다
휘청거린 두 다리는
감겨진 눈꺼풀을 이기지 못한다
생각하면 망설일 게 없는 세상
잠깨면 허연 입술이
여름 낮 태양처럼 뜨겁다
천지 사방에 널린 것이 날개
속삭이는 축제의
불꽃이 튀면
발빠른 강아지처럼 쾌락의 끝을 모른다

그 날 이후

한 올 이어진 외줄
아는 지금
뜨거운 외로움이 식는다
텅 빈 구름 속에 힘든 눈물
한 목숨 사라진다
따스한 햇빛 속에
차가운 울음 섞어
지척에 있는 얼굴
연기 속에 없다
똑똑한 바보들 입 냄새에 속아
샛길 울타리에 숨어 산다

어머니

햇빛 노닐면 둥근 그늘
꿈 속의 어머니
하늘을 본다
까마득히 고개 숙이고
먹구름 덮힌 노을
스쳐간 구름
슬픈 바람 속에 있다
언제쯤 슬픔 먼 언덕에 뿌리고
해맑은 미소
태양처럼 환할까

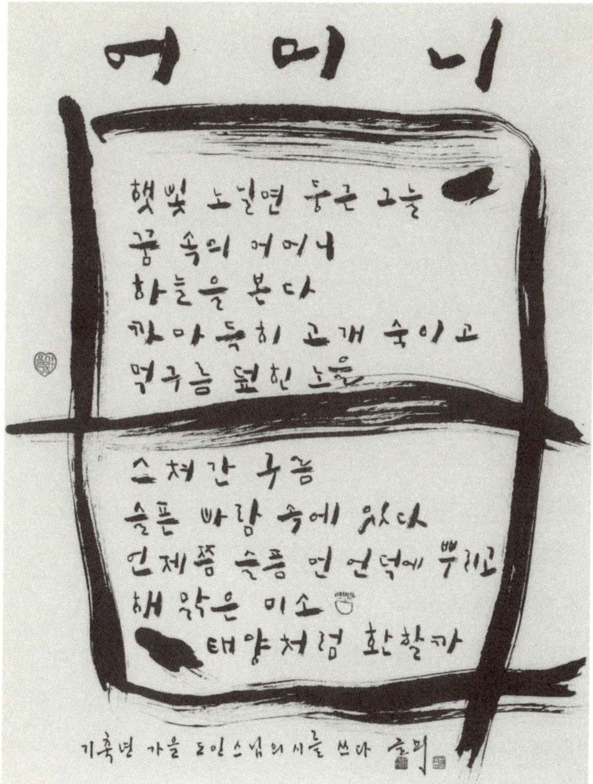
어머니
햇빛 노닐면 둥근 그늘
꿈 속의 어머니
하늘을 본다
까마득히 고개 숙이고
먹구름 덮힌 노을
스쳐간 구름
슬픈 바람 속에 있다
언제쯤 슬픔 먼 언덕에 뿌리고
해 맑은 미소
태양처럼 환할까
기축년 가을 도인스님의 시를 쓰다

어머님전상서

어머니 오늘은 배가 부릅니다
사랑이 갔지만 배가 부릅니다
내일 붉은 해 뜨면 하얀 얼굴 부끄러워
사랑 잃은 어린애처럼
손가락 깨물겠지요

태양아, 검은 구름아

어머니 오늘은 슬픕니다
사랑할 사람이 없기 때문입니다
사랑이 가고
눈부신 태양을 빨개진 두 눈에 심습니다

찢어진 노란 소쿠리

지척에 있는 어머니
우리가 다시 만날 때
이대로 뜨거운 가슴이고 싶습니다

無常

으깨진 성냥개비 털고
눈빛 도사려 물어본다
살랑 가슴이 마른다
구름 낀 밤
빨간 햇살 떠난 뒤
주먹 쥔 손 힘없이 떨리고
청춘이다 희망이다 소리치는 메아리
꿈속에서 들린다
차라리 몰랐으면
둥근 팬에서 타버린
고등어 가슴 속을 파헤친다

추억이 흐른다

호수의 물오리처럼
그물 속 물고기처럼
파닥거린다

한동안 뜸했었지
차라리 몰랐으면
슬픈 노래
긴 구시렁 소리
술잔에 기댄 입술이 붉다
쏟아진 눈물 이럴 줄 몰랐지

가문 날
애타게 갈라진 논바닥처럼
찢어진 가슴

밝은 햇살 한낮 소나기
촉촉이 가슴 적시면
찢어진 가슴에 강물이 흐른다

보내는 삶

놀란 달팽이 움츠리듯
물방댕이* 걸어가는 삶
애끓는 어머니 원망
부딪쳐 꺼져버린 삶
외로운 늑대 표호하듯
산토끼 나는 간다
깡충깡충 보이지 않는 초원으로 뛴다

*무릎의 관절 부분을 의미하는 전라도 사투리

벼락은 날개 없이도 난다

뜨거운 밤 천둥 내린 아침
돋은 이슬비 개울에 넘친다
여름날 뒤척거림에
몸 달아 터진다
애써 마음 죽이고 빨간 불빛 태우면
번쩍이는 벼락은 날개가 없다

달을 보며

물줄기처럼 솟은 땀방울 붙잡고
달이 뜰 때까지
풀잎 물고 오솔길을 간다

무너지는 가슴이 더워
안개꽃 핀 얼음으로 머리를 식힌다

달아! 虛妄을 비춘 달아!

놀란 토끼에게 절구통 쥐어 주고
그 달 속에 오라 한다

저 먼 하늘에서
깊은 땅 끝에서
그 속으로 오라
소리친다

그대 모습에

꼭 다문 입술
그대 모습에
애처로운 슬픔을 멈추고

터질 듯 꽉 찬 고무 풍선처럼
길다란 기다림의 꼭지를 잡는다

마음에 튀는 불꽃이었다
온 얼굴 뒤덮은 불꽃이었다
희미한 달빛 속의
외로운 불꽃이었다

먼 길

취한 소리에 뜨거운 희망 내뱉는다
입술 다물어 옷을 입고
세상을 걸어간다
떠밀려 나온 막막한 길
소리쳐도 대답없다
덧없는 나의 기도
짙은 어두움의 먼 길
그 차갑고 영원한 외로움 속으로
새 길을 간다

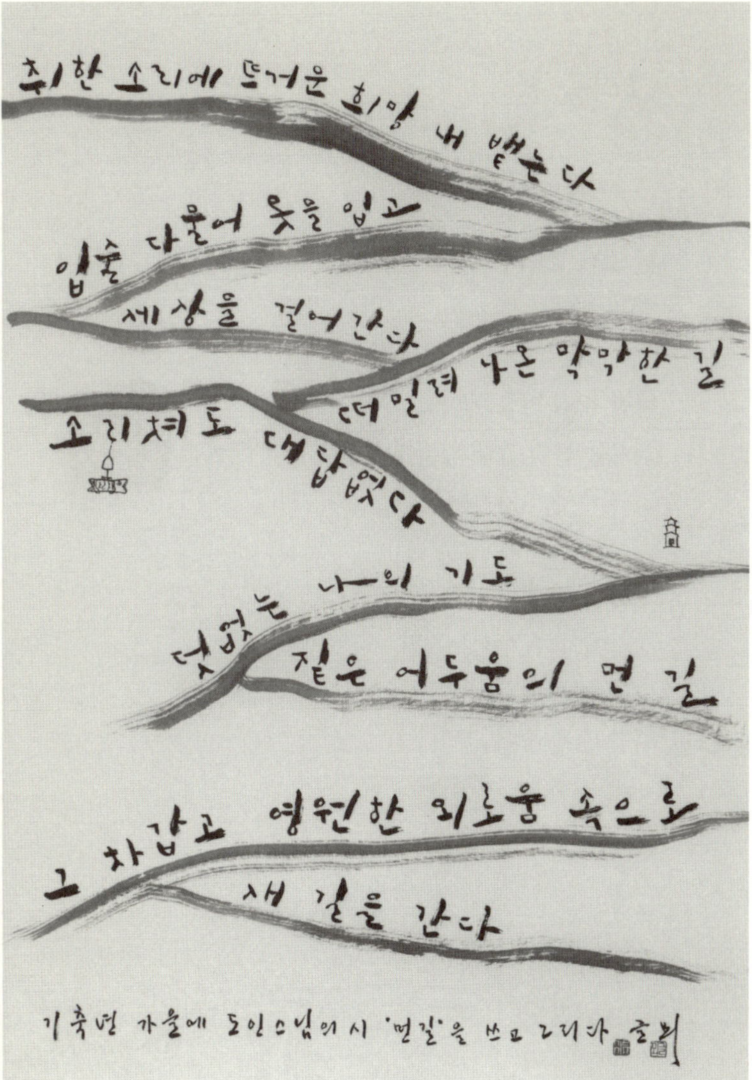
취한 소리에 뜨거운 희망 내뱉는다
입술 다물어 옷을 입고
세상을 걸어간다
떠밀려 나온 막막한 길
소리쳐도 대답없다
덧없는 나의 기도
짙은 어두움의 먼 길
그 차갑고 영원한 외로움 속으로
새 길을 간다
기축년 가을에 도인스님의 시 '먼길'을 쓰고 그리다

그리울 뿐

님 소식 없어
밖을 본다

바람 소리 가슴 에이고
가로등 불빛 그대 입술처럼 붉어
입 맞추듯 다가간다

그리워 포개진 손 흔들어
창가에 마주쳐 펴보지만
그대 둥근 얼굴
하얀 손에 숨어 그립다

바람 그네

푸른 낙엽 언덕에 그물을 치면
노란 나비 바람 그네를 탄다
슬픈 일 마른 냇물에 씻어 보내고
구르는 낙엽 주워 입 속에 머금는다

뜨거운 가슴에
외로운 종소리 울리면
나도 아니고
너도 아니고
그것이 하얀 마음 구름 위를 난다
금세 멍든 영혼이 울렁인다

所有의 고통

운다
젊은 여인이 운다
맨 얼굴에 세상을 불렀지만
所有의 고통이 풍선처럼 부풀어
빛바랜 평상에 쪼그려 앉아
움켜쥔 설움을 삼킨다
집에 가자 바람이 소리를 낸다
끝까지 가자
그래도 가자
바람에 씻긴 흔적 없는 먼지처럼
가슴을 열어재친 그림자와 함께
구름처럼 가자
어느 날 없어질 구름처럼 가자

아름다운 사람

구르는 붉은 낙엽처럼
다 지나간 일
작은 소주잔 한 손으로 움켜쥐고
저 먼 구름 끝에 꺾인 삶이
하얀 손 힘겹게 흔들면
그리운 날들
아름다운 사람
꽃봉오리에 올려놓고 본다

한 낮에만 피는 꽃

하얀 담배 연기 속에 얼굴을 묻고
순간의 생각이 한낮 짧은 낮잠 속에 머문다
깨어 숨쉬면
작은 연못 연꽃 위에
그림 같은 집을 짓는다

이슬비 오는 날 맨발로 뜰 앞에 서면
흐르는 구름으로 가슴을 닦고
꿈틀거리는 작은 벌레의
生의 노래를 듣는다

차가운 발바닥 냉기를
이불 속 깊이 묻으면
편안함, 그 고요함 속으로 한 송이 꽃이 핀다

自 然

갓 돋은 잎새
둘이 입술 마주친 채
그네를 타고 있다

부끄러워 덮은 얼굴
뒤척이는 이불
금세 바람을 일으킨다

바람이 불어 잎새 꺾여도
무거운 짐 등에 지고
그대로 지쳐 그네를 탄다

항구의 하루

깊은 어둠 속에 찢어진 항구
햇빛 묻은 아침
불탔던 사랑을 노을 속에 깃발처럼 묻고
곁에 있고 싶어 꽂힌 화살
햇빛 무거워 떨어진다
잠자지 않는 슬픔
더디 왔으면
달리는 버스 머리 꺾이듯
작은 포구는
몸부림친다
목 하얀 갈매기만
방파제 주저앉은 늙은 새댁의
소주잔 넘어가는 소리 듣는다
까만 포구 가로등이 붉게 빛난다

日出(Ⅰ)

눈 속에 감춰진 외로운 허상
낙엽처럼 바삭이며
하얀 숲에 감춰진다

여명에 젖은 두 눈
한 몸으로
멈추고 싶어
언덕 올라가지만
비 맞은 참새처럼
뼈아린 날들이
희미해진 숨소리에
스쳐 멈춰진다

내리친 벼락에
몸 씻어 추스리고
동트는 붉은 미소
구름 속에 펄럭인다

日出(Ⅱ)

달 지고
소리 없는 아침
어둠의 장막이 걷힌다
속 없는 나의 마음이
햇살에 웃는다
된소리 냉가슴 발길로 차 깨우며
작은 돌멩이 던져 내가 있다 소리친다
화살 맞은 큰 새처럼 울지도 못하고
작은 인형의 쉼 없는 지껄임이
눈깨비 날릴 때
한숨 되어 피어난다
빙글빙글 올라가는 아침
낯설은 마른 땅에서 눈물 꽃이 핀다

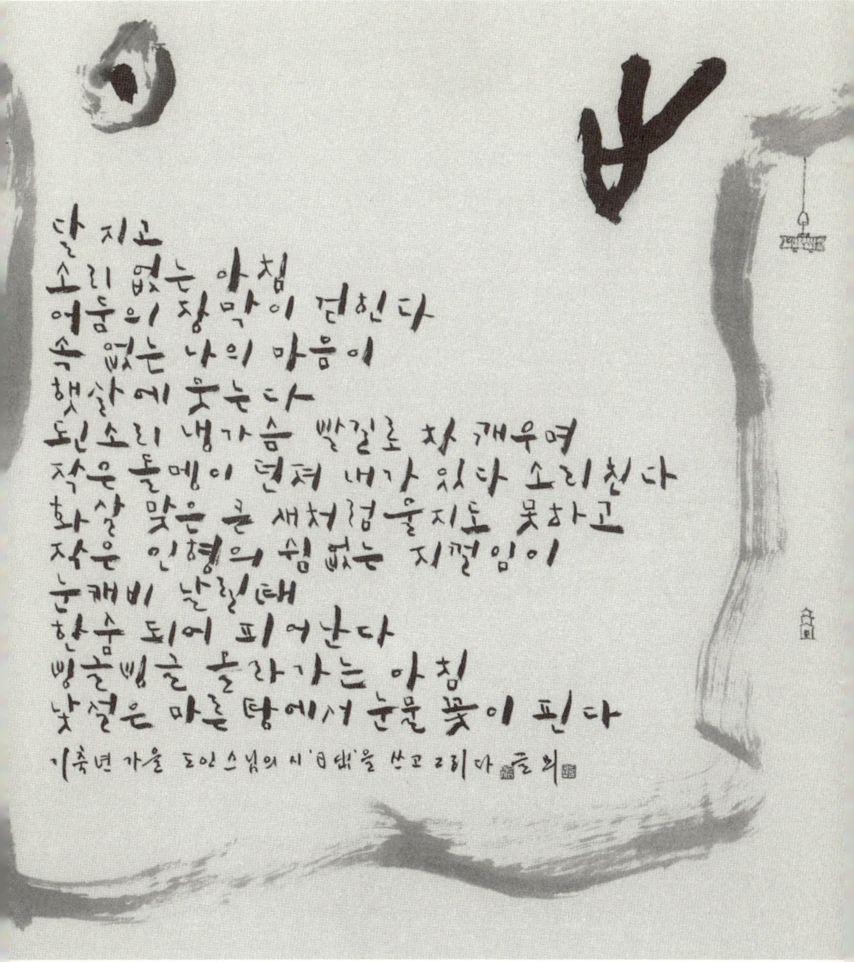
달 지고
소리 없는 아침
어둠의 장막이 걷힌다
속 없는 나의 마음이
햇살에 웃는다
된소리 냉가슴 빨길로 차 깨우며
작은 돌멩이 던져 내가 있다 소리친다
화살 맞은 듯 새처럼 울지도 못하고
작은 인형의 쉼 없는 지껄임이
눈깨비 날릴 때
한숨 되어 피어난다
빙글빙글 올라가는 아침
낯설은 마른 땅에서 눈물 꽃이 핀다
기축년 가을 도인 스님의 시 '日出'을 쓰고 그리다

늙은 바다

바다 물살에 온 몸을 기대고
갈매기 떠 있다
멀리 큰 배 지나가면
꺼질 듯 바다는 출렁이고
거친 파도에도 방파제는 불평이 없다

딱지 부스럼처럼 달려드는 파도
항구는 한 입에 삼키고
불빛 속에 토한다

눈 먼 가로등 우두커니 서 있어
늙은 밤바다의
구부러진 삶의 소리
파도 속에 숨는다

滿船의 港口

뱃 고동의 항구
구름 속 하얀 깃발
까맣게 물든다

굵은 빗방울 떨어져도
주름살 엉클어진 까만 얼굴이
고기 잡아 웃는다

해 떨어지면
과녁처럼 노을을 본다

지금은 잠자는 항구
어부는 눈 비비며
고기 잡아 웃는다

산다는 것

엉거주춤 기어간다
사랑으로 포장된 빨간 입술 내세우고
하얀 이슬 삼키지 못하는
파란 풀잎 머금고 간다

태양이 눈부셔
남은 세월 손가락 집고
엉거주춤 걸어간다

꽃 피는 세월
곰팡이 냄새로 이불을 덮고
긴 한숨 휘파람 불면서 간다

지나간 세월에게

벌어진 가슴에
튀어오른 두 봉오리
두 눈 하나씩 굵은 눈물처럼
빨갛게 피어 있다

세월 튕겨진 모습에 사라진 사람아
그리움아
맞대어 눈 비비고 있을 때
사랑한다 그 말이 아쉬워
한낮 뜨거움에 눈빛 잃었다

돌아오라 세월아
지나간 그림자에 뛰놀게
남은 세월 눈 비비고 찾을게
그리움아
그리움아

세월에게

가진 모든 것 헹가래 친다
꽉 움켜 쥔 것 모두 놓아도 땅은 무겁다

언젠가 두 손 꽁꽁 묶여
가는 하늘 길
갈까나 멈출까나 강물은 흐른다

파도에 무너진 모래성을
까만 해거름 거친 바람 속에
다시 짓고
멍청한 세월에 이름 새기면서
바람에 고개 숙인 허수아비
지저귀는 참새가 부럽다
텅 빈 머리 속에 물방울 놀이
터져버린 세월 이길 수 없다
멈춰버린 순간 돌릴 수 없다

마른 눈물

둥근 접시 위 땅콩
손 비비며 껍질 벗겨도
입속 몸 으깨져도
눈물 없는 너는
말없는 너는

어려운 세월에
텅 빈 가슴 마른 눈물이
돌아가자 뒷걸음 치면
이미 떠나버린 땅
어려운 되새김
마른 눈물이 흐른다

노래방에서

텅 빈 공간 일어나 걸어볼까
빈 가슴 움켜쥐고
갈 길 터덕이는 숨소리
입 속에 털어버린다
굉음을 접고
하얀 나비 언덕을 본다

섞이고 싶다

같이 연 날리고 싶다
노래방은 잠시 쉼을 주지만
발걸음은 무거운 허공
터질 듯한 가슴을 낮추며
섞이고 싶어 가슴 녹이고 싶어
켜졌다 꺼졌다 조명 속을 헤맨다

'동네 꼬마 녀석들 추운 줄도 모르고…'

장날 풍경

표정없는 여편네
양푼이 쓰고 연지 곤지 찍고
한적한 장날 각설이 노래 부른다
타령은 엿치는 소리에 묻혀가고
어둑어둑 해 떨어지면
먼 발치 어둠들이 움직인다
스치는 차 소리, 긴 호각 소리
낮 풍경을 움직이고 어둠으로 사라진다
장이 내리면
달빛에 젖은 표정 없는 마음도
쿵쿵 뛰는 가슴도
햇빛에 녹아 소리 죽여 흐른다
햇살 가득한 장날 풍경이
노을 속에 무너진다
모두 떠난 어둠에 빈 장터만 남는다

붉히고

먼 언덕 태양
얼굴에 떨어지면
널뛰는 가슴
꽉 쥔 손바닥에 머문다

외로운 태양 얼굴 붉히고
애타는 숨소리
소리 없는 구름
쉼 없이 걸어간다

구름 속 누워 잔디 꽃 피겠지
떨어지는 세월
쿵쿵거린 가슴
소리없는 둥근 달
저 낮은 산바람에 입 맞추겠지

어느 하루

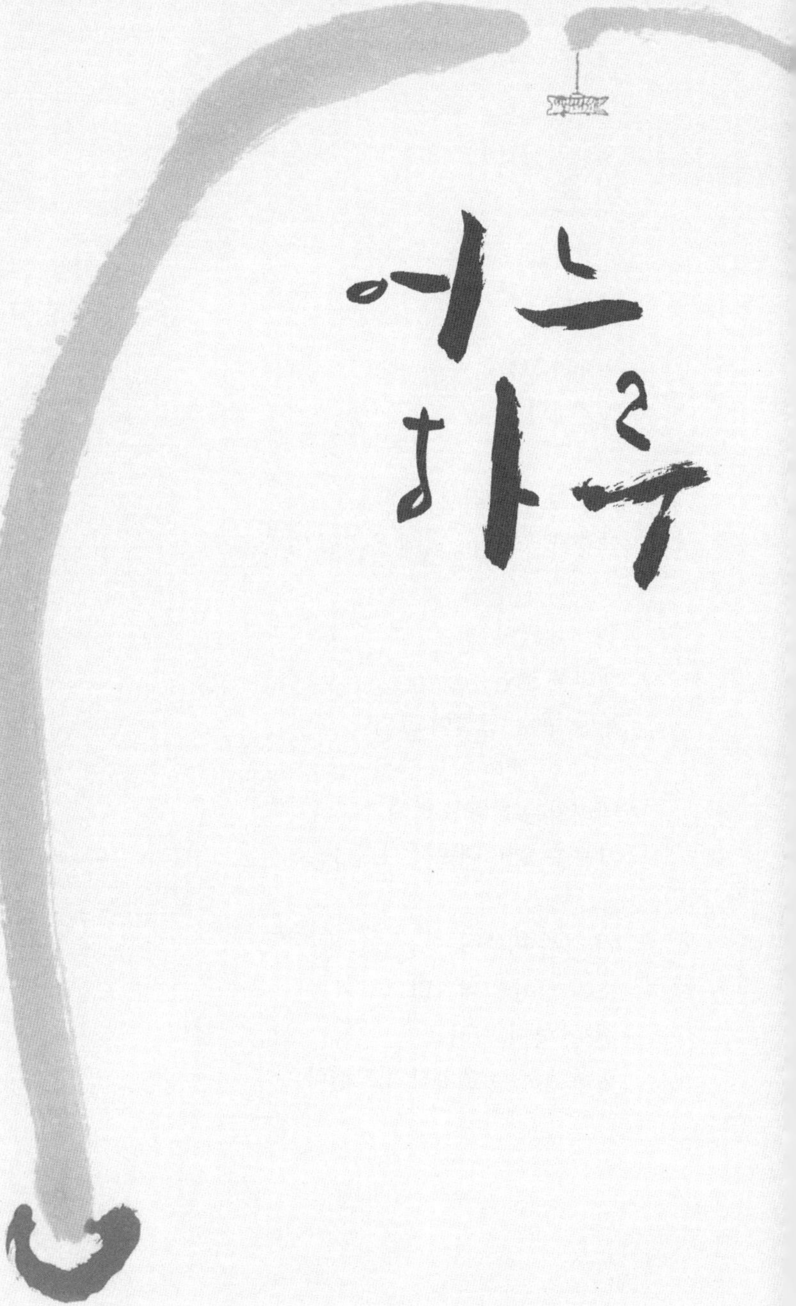

빈 손

부자의 그늘은
달동네의 햇빛

그늘 모퉁이 쥐새끼 지나가도
살랑이는 바람소리에 움직임 없다

쭈그려 앉아
햇빛을 보면
놀란 두 눈 그늘이 그립다

내리치는 천둥 소리에
그늘을 보면 햇빛이 그립다

긴 한숨 멈추어
소리 없이 걸어가면
쥔 손 놓아 버리고
환하게 웃는 해바라기 그립다

나는 꿈

이카루스에게 태양은 재앙이다
그의 촛물로 만든 날개는
대양을 건넜으나 욕망은 건너지 못했다

날면서 뒤를 보는 새는 죽은 새
어느 새 뒤돌아 보면서 날지 않는다

거침없이 떨어지면서 나는 꿈
키 크는 꿈도 없다

흔들리면서 치고 오르는
더 앞으로, 더 높이
나는 꿈이 없다

겨울 밤

입김으로 얼굴을 감싸고
낭떠러지 푸르렀던 잡초 무거워 몸부림친다

사라진 꿈은
유령처럼 가슴에서 뒹군다
생각이 꽃핀 화로 보다 붉어지면
모퉁이에 숨어
숨 멈추고
재 되어 포기한 그 겨울 밤을 기다린다

滿員

주검처럼 떨어질
달빛 창가에 머무는 이슬
이슬처럼, 달빛처럼
아침을 마시는 안개
무너진 축담 같은 하얀 마음 움켜쥐고
광활한 우주 소리
손바닥 뒤집는 가벼운 흔들림이 있겠지만
텅 빈 객석 바람 속으로 가는
滿員을 꿈꾸는 그 날

겨울 풍경

놋쇠 같은 겨울 낙엽
콧등에 구르는 가을은
봄을 약속한다

소리없이 감춰진 날들은
가버린 세월에 멈춰
한 줌 서리 되어 내린다

널뛰는 가슴
포개 놓은 발돋움
작은 가슴을 녹인다

하얀 구름 별빛 옮기고
비구름 먹구름 내리면
가을 하늘은 긴 한숨 멈춘다

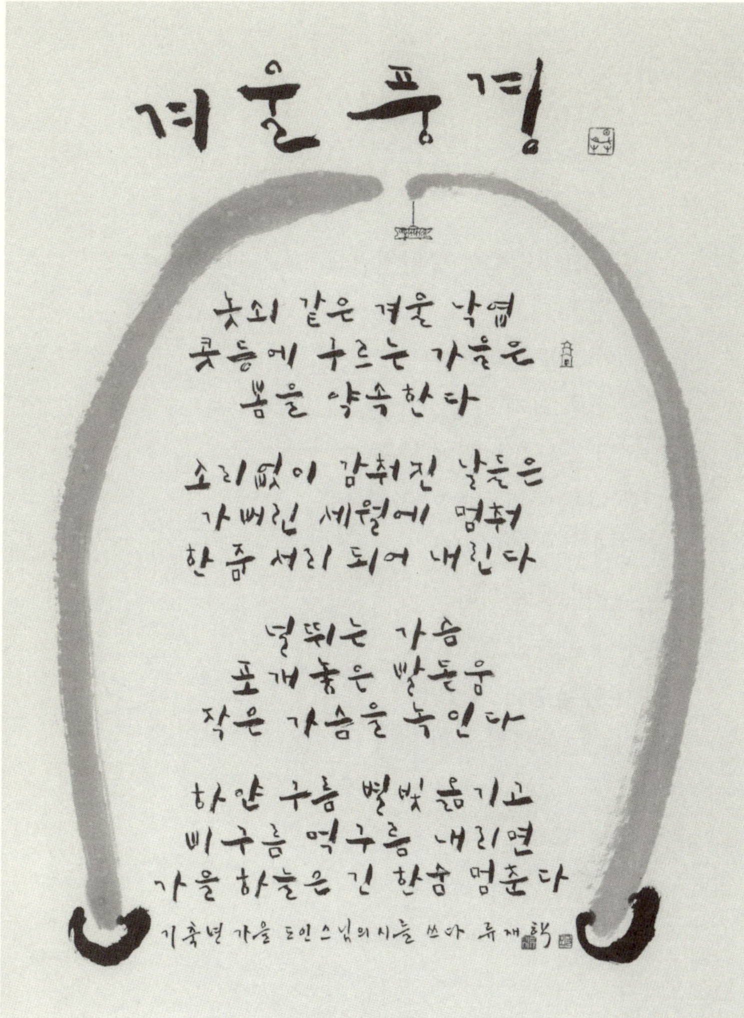
겨울 풍경
낫쇠 같은 겨울 낙엽
꽃등에 누르는 가을은
봄을 약속한다
소리없이 감춰진 날들은
가버린 세월에 멈춰
한줌 서리 되어 내린다
널뛰는 가슴
포개놓은 발돋움
작은 가슴을 녹인다
하얀 구름 별빛 숨기고
비구름 먹구름 내리면
가을 하늘은 긴 한숨 멈춘다
기축년 가을 도인스님의 시를 쓰다 류재학

침 묵

외로운 그네 웅덩이에 빠지면
우뚝 선 막대기
모퉁이 그늘을 만든다
다시 한번 크게 뛰면
발바닥 스산한 낙엽에 물든다
단풍 나무 줄기 삭풍이 불면
천상에 앉은 선녀처럼
누운 가슴에 안긴다
술잔에 눈을 포개고
세월 아차 놓아 버리면
일어나는 눈뜨임 소리 없다

여행(Ⅰ)

모래알 파도 속에 숨고
태양에 찢어진 가슴 말린다

남은 내일 이룰 수 없어
어그러진 세월
바람에 세우지 못한다

한없는 짓이김이
뚜렷이 갈라지고
부산한 손놀림이
다람쥐 쳇바퀴 돌린다

끝없는 줄 알면서
쉼 없이 발 모아
남은 시간 영원히
길 속에 뿌린다

여 행(Ⅱ)

하얀 안개 속에서
얼굴을 내밀어
불타는 태양을 붙잡는다

일상의 반복에서 이름 모를 저 땅으로
날잡아 가슴 쥐고 길을 나선다

높은 하늘 끝으로
차가운 땅 끝으로
멈추지 않는 달빛에게 길 물어
여행을 떠난다

여 행(Ⅲ)

열차처럼 발길 달린다

잘 짜여진 매끄런 길
흩어진 돌틈 사이 길
움직임 없이 쉼 없이 찾은 길
비바람에 주인 잃은 깃발처럼
언덕 위 푸른 초원
꿈 속에 사라지고
하늘 높이 놀란 꽃잎
금세 떨어진 빗방울처럼,
사라진 물안개처럼
없는 나를 찾아 떠난다

여 행(Ⅳ)

기차 지나간 철길 위에
잡초는 푸르다
굳어버린 진흙 맨발로 밟고
구멍난 벤치에 앉았다
종이 없는 책 보며
왜 시리도록 살아야하는 지
솟구친 마음의 눈물 떨어진다
나는 땅 껍데기 재가 되어
묻은 먼지처럼 떠난다
오늘의 사치는
배고파 쓰러진다

여 행(V)

나무 계단을 올라
장미 넝쿨 뒤
새벽 젖은 잔디에 누우면
포개진 꽃잎의 그늘에
등살이 시리어 온다

이른 햇살에 눈 뜨면
마음 둘 곳 없는
나는 눈 큰 개구리

새벽 달 속에 떨어진다

여 행(Ⅵ)

모르겠다
길에 서니 편하구나
늦은 낙엽 찬바람에 생각없이 날리 듯
편하구나 편하구나 길에 서니 편하구나

눈 앞 네온등에 숨 못 쉬는 나그네도
가슴 움켜쥐고 길에 서니 편하구나

밤비는 더운 바람 재우고
구름은 이 모양 저 모습 춤추며
날개 접은 들뜬 마음이 된다
빨간 장미 가시 솟구쳐
여린 마음 찌른다

여 행(Ⅶ)

벅찬 가슴은
휘불어 오는 검은 구름 속으로
길을 나섰다

입술에 꽃을 물고
지는 꽃을 돌아 본다

아지랑이 몸부림은 햇빛 속에 접고
먼 옛날 개울에 풀어헤친 긴 머리칼처럼
나의 여행은
떨어져 강물 속에 흐른다

파 도

깊고 깊은 바다에서
나폴나폴 걸어 나와 소리 없이 웃다가
작은 입술에 꺾어진 갈대를 물고
노래를 한다

세상 소리
온통 다 품어 삼키고도
철 철 철
넘쳐 흐르는 미소

온 몸으로 녹아내린 안개
햇살 받으며 그네 타는 아이처럼
구부러진 아버지처럼
노래를 한다

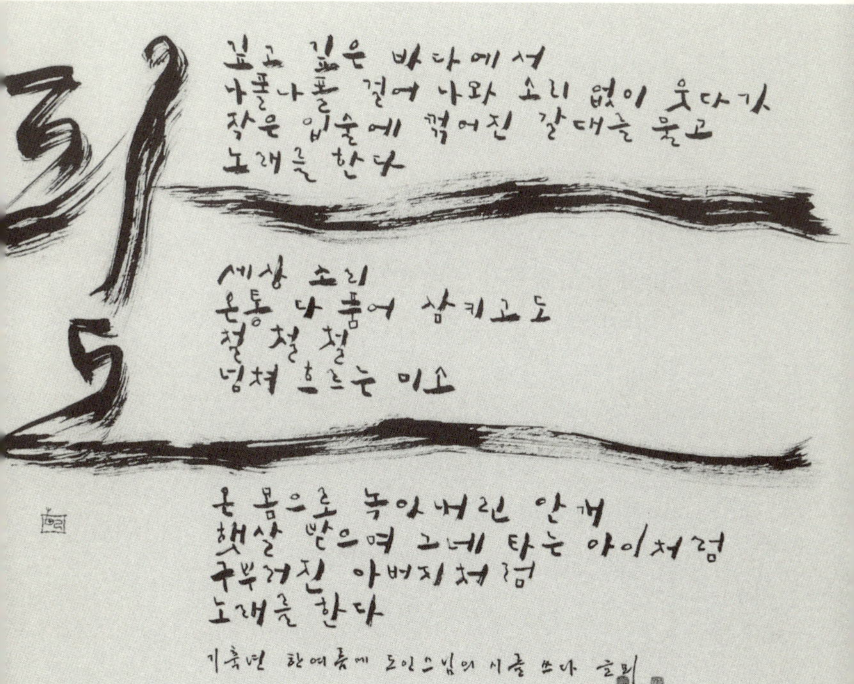
깊고 깊은 바다에서
나풀나풀 걸어 나와 소리 없이 웃다가
작은 입술에 꺾어진 갈대를 물고
노래를 한다
세상 소리
온통 다 품어 삼키고도
철 철 철
넘쳐 흐르는 미소
온 몸으로 녹아버린 안개
햇살 받으며 그네 타는 아이처럼
구부러진 아버지처럼
노래를 한다
기축년 한여름에 도인스님의 시를 쓰다 솔뫼

어린왕자(Ⅰ)

해거름에 가로등 눈알 내밀면
우리가 다시 만날 때

이대로 뜨거운 가슴이라며 그 큰 두 눈
아, 향 깊은 골짜기 우물 속에
꽃잎 멈춘다

우물 속 깊이 얼굴 내밀고
터질 듯 풍선처럼 붉은 얼굴로
네 살박이 어린애 같이
깔깔깔 웃던 그 날 지나가고 없다

그 때 소리 칠 걸
영원히 화석처럼 굳어 버리자고

어린 왕자(Ⅱ)

이 밤을 아쉬워하기엔
뒤엉킨 業障이 너무 두껍다

정말 중요한 건 눈에 보이지 않는다는
어린 왕자의 되뇌임

지금 눈뜨지 못하면
끝없는 지팡이 짚고
하얀 날개 잡을 날이 없다

聖者

꽃잎 날리는 언덕이
갈대 바람 따라 입 다물 때
등신처럼 눈 껌뻑이며
까만 고무신 뒷걸음쳐
풀피리 물고 떠나간 聖者는
바다 같은 눈물을 가슴에 삼키고
그리움의 노랑 나비 되어
그 언덕을 넘는다

神과 童話

무지개 동산에서 神들이 웃는다
달 속의 옥토끼 방아소리
童話 들려주는 배고픈 어머니는
입술처럼 늙었다
세월은 가슴 속에서 영글고
뿌리는 입 냄새에 고운 잠을 잃었다
무지개 다리 건널 때 神들을 죽이고
童話는 꿈 속에서 빛난다
움직이지 않는 돌담처럼
흔들림 없이 잡으면
순간, 중요한 그 것
번개처럼 스쳐간다
억지로 누운 낮잠에
한 세상을 안고
안타까운 세월 끊어 버리면
무거운 짐이 없다

하 루(Ⅰ)

허한 들판에 바람이 불면
쭈뼛한 작은 풀들
고개 숙여 흐느낀다

중얼거린 말들이
놀란 발걸음으로 달아나
낙화암 그늘에 떨어진다

태양 깊숙이 숨어 있다 나온 햇살은
남아 있는 날의 얼굴에 분칠을 한다

막 씻은 얼굴은 거울 속에서 웃고
생각은 춤사위로 춤추는 새색시
양 볼 연지 곤지에 태양이 머문다

하 루(Ⅱ)

붉은 달 아래
흘러내린 눈부신 햇빛
바스락 소리 내어 웃는다

춤추는 나비야
날개를 접어라
미끄러져 무너진 얼굴
옭아매어 부서진 가슴이
凄然히 사라진 너의 모습에서
멍든 저녁을 맞는다